DICTIONARY OF POLISH OBSCENITIES

DICTIONARY OF POLISH
OBSCENITIES

by

STANISŁAW KIEŁBASA

THIRD, REVISED EDITION

SCYTHIAN BOOKS

published by

Scythian Books
Oakland, California

PRINTED IN U.S.A.

ISBN 0-933884-93-1

CONTENTS

PREFACE TO SECOND EDITION

The present dictionary of Polish obscenities contains hundreds of words and expressions currently used in Poland as well as among Poles living abroad. Nearly all these words are restricted in their usage and can be classified as 'obscene' or 'vulgar'. Most of them cannot be found in standard lexicons of the Polish language, a gap which the present volume is intended to fill. The dictionary also includes a small number of semantically similar words which could be classified merely as "rather coarse," and which may be found in the standard dictionaries.

Polish is a rich language with an amazing number of colorful and witty turns of speech, and its 'obscene' vocabulary is no exception in this respect. While this dictionary by no means exhausts the full repertoire of Polish vulgarities and obscenities, it is hoped that it will prove adequate as an everyday reference work. I plan to continue revising and expanding the work and will welcome the readers' comments and suggestions.

I wish to express my heartfelt gratitude to my fellow Poles both here and abroad who have assisted me in this lofty endeavor. Special thanks to my wife Basia, who has put up with me for so many years and provided me with so much material for this dictionary.

PREFACE TO THIRD EDITION

The enthusiastic response to the second edition of *Dictionary of Polish Obscenities* has been gratifying. The third edition contains a few dozen new words, including a large variety of synonyms for 'phallus'.

Stanisław Kiełbasa
1994

USE OF THE DICTIONARY

All nouns are listed in the nominative case. The genitive singular ending for masculine nouns can be assumed to be -*a* unless otherwise noted. The genitive case endings are also given for nouns, the gender of which is unclear from the nominative form in which they are listed, and for nouns appearing in the plural.

The following abbreviations are used:

adj. — adjective
aug. — augmentative
dim. — diminutive
gen. — genitive
imperf. — imperfective
indecl. — indeclinable
lit. — literally
obs. — obsolete
perf. — perfective
pl. — plural
sb. — somebody
sg. — singular
sth. — something

GUIDE TO POLISH PRONUNCIATION

The guide below facilitates use of the dictionary
by speakers of English who do not read or speak
Polish. All sound equivalents are, of course, ap-
proximations.

With rare exceptions, stress falls on the next
to the last syllable (penult) in all words con-
taining more than one syllable.

Polish	English Equivalent
a	*a* as in s*a*w
b	*b*
c	*ts* in ha*ts,* or (before *i*) *ch* in *ch*eap
ć	*ch*
cz	*ch*
d	*d*
e	*e* as in r*e*d
f	*f*
g	*g* as in *g*o
h	*h* as in *h*ouse

ch	*h* as in *h*ouse
i	*ee* as in s*ee*
k	*k*
l	*l*
ł	*w* as in fe*w*, no*w*
m	*m*
n	*n*
ń	*ni* as in o*ni*on
o	*o* as in m*o*w
ó	*oo* as in t*oo*
w	*v*
r	*r*
rz	*z* as in a*z*ure
s	*s* in *s*od or (before *i*) *sh*
ś	*sh*
sz	*sh*
t	*t*
u	*oo* as in t*oo*
w	*v*

y	*y* as in read*y*
z	*z* in *z*one or (before *i*) *z* in a*z*ure
ź	*z* as in a*z*ure
ż	*z* as in a*z*ure

ę before t, d, s, z, ś, ź, ż, c, ć, or cz = English en as in end; ę before p, b, f, w = English em as in hem; otherwise ę = ow as in chow.

ą before t, d, s, z, ś, ź, ż, c, ć, or cz = English on as in tone; ą before p, b, f, w = English om as in home; otherwise ą = on as in bonjour.

alfons : pimp, soutener

Ty alfonsie! = You pimp!

Zasrany alfons! = Fucking asshole! [*lit.* 'shitty pimp']

ampułka dolna *prison slang* : asshole [*lit.* 'lower ampule']

armata : prick, cock [*lit.* 'cannon']

Ale ma armatę! = What a big prick he's got!

armatka (*dim. of* armata) : prick, cock

Łatwa zagadka: dwie kulki i armatka. = An easy riddle: two cannonballs and a cannon.

bajzel : 1. cathouse, whorehouse 2. mess, disorder, chaos

Ale bajzel! = What a mess!

balkony (*gen. pl.* -ów) : tits, boobs [*lit.* 'balconies']

Ale ma balkony! = What a set of boobs she's got!

banan : prick, cock, penis [*lit.* 'banana']

baniaki (*gen. pl.* -ów) : tits, boobs

bar mleczny (*gen. sg.* baru mlecznego) : tits, boobs [*lit.* 'milk bar', 'café specializing in dairy items']
> Popatrz na ten bar mleczny! = Look at those knockers! (*lit.* 'Take a look at that "milk bar"!')

bara-bara *indecl.* : screwing, fucking
> bara-bara robić to screw, to fool around
> Robią bara-bara. They're into some hanky-panky.

bąk : fart [*lit.* beetle]
> puścić bąka = to fart [*lit.* 'to let the beetle go']
> Puścił bąka. = He farted. [*lit.* 'He let the beetle loose']

bękart : bastard

bijak : prick, cock, penis

binia : chick, broad, woman

biniawka (*dim. of* binia) : chick, broad, woman

biniocha (*aug. of* binia) : chick, broad, woman

bladź (*gen. sg.* -i) : slut, whore [*Russian origin; used less frequently than* kurwa]
Co za bladź! = What a whore!

bliźniaki (*gen. pl.* -ów) : tits, boobs [*lit.* 'twins']

bobczyć : 1. to fuck 2. to shit hard turds

bolec : prick, cock, penis [*lit.* 'bolt']

braminka : hooker, prostitute, usually a prostitute who waits in gateways [*from:* brama, 'gate']

brandzel : jacking off, masturbation (*said of males only*)

brandzlować się (brandzluję, brandzlujesz się) : to jack off, beat off, masturbate (*said of males only*); *perf.* wybrandzlować się
Nie brandzluj się! = Hurry up! Quit fucking around! [*lit.* 'Quit jacking off!']
See also: zbrandzlować się

brandzlowanie się : jacking off, masturbation (*said of males*)

brodacz : prick, cock, penis [*lit.* 'bearded man']

brzana : girl, chick

brzuch zrobić *komuś* : to give *sb.* a big belly, make *sb.* pregnant [*from:* brzuch, 'belly']

> On zrobił dziewczynie brzuch i wyjechał. =
> He got the girl pregnant and left.

brzytew (*gen. sg.* -y) : a good lay [*from:* brzytwa, 'razor']

brzytwa : a good lay [*lit.* 'razor']

> Ona jest brzytwa w łóżku. = She's good in bed.

buc : boor, dull person; prick (*regional*)

> Ty bucu! = You boor!
> Ale buc! = What a boor!
> Ale z niego buc! = What a boor he is!

bufory (*gen. pl.* -ów) : tits [*lit.* 'train bumpers']

bujaki (*gen. pl.* -ów) : tits, knockers [*from:* bujać, 'to swing', 'to rock']

bułki (*gen. pl.* bułek) : tits, boobs [*lit.* 'rolls']

burdel (*gen. sg.* -u) : 1. cathouse, whorehouse 2. mess, chaos

    zrobić burdel = to make a mess

    Nie rób mi tutaj burdelu! = Don't mess this place up!

    Ale burdel! = What a mess!

burdelmama : a madam, woman who runs a brothel

bździć (bżdżę, bździsz) *perf.* zebździć się : to fart

    Nie bździj! = Don't fart!

    See also: nabździć

    Kto długo śpi, temu koza bździ. = The goat farts on those who sleep too long.

    Mówi jak doktor, a bździ jak aptekarz. = He talks like a doctor but farts like a druggist.

    Bożą manną żyje, a wiatrem bździ. = He lives on manna from Heaven and farts nothing but the wind.

bździeć (bżdżę, bździsz) = bździć to fart

    Wyżej bździ, niż ma dziurę. = He farts higher than his own asshole.

bździna : 1. a fart 2. *pl. only* nonsense, bullshit
  To wszystko bździny! = That's all hogwash!
  Wlecze się jak bździny w portkach. = He drags
    himself along like a fart inside trousers.
  Śmierdzi jak zła bździna. = Stinks like a mean
    fart.
  Jak dupy poszły, tak i bździny nie ma. = Since
    the asses left there's been no farts.
  słabe jak bździna = weak as a fart

bździoch : farter, a fart (*a person*)
  Ty bździochu! = You fart!

bździuch = bździoch, 'farter', 'fart'

cegielina *prison slang* : a person raped by a
homosexual [*lit.* 'a brick kiln']

ceramika *prison slang* : ass [*lit.* 'pottery']

chabeta : prick, cock [*lit.* an old horse]
  lecieć w chabetę = to beat off, jack off
  Poleciał w chabetę. = He jacked off.
  okładać chabetę *or* walić chabetę = to beat off
    [*lit.* to beat the old horse]

chał *prison slang* : rape
  brać na chał = to rape
  Wziął ją na chał. = He raped her.

cham : 1. cad, vulgar person 2. hick, clod, bumkin

chamidło (*aug. of* cham) : cad

chamieć : (chamieję, chamiejesz) *perf.* schamieć :
1. to become a cad 2. to become a hick/clod, become rusticized

chamisko (*aug. of* cham) : cad

chamka : course, vulgar woman

chamowaty *adj.* : vulgar, coarse, caddish

chamski *adj.* : vulgar, dirty
  chamskie nasienie = bastard, slob [*lit.* seed, or
    offspring, of a cad]

chamstwo : 1. coarse manners, uncultured behavior 2. crap, babble 3. scum, riff-raff [*from:* cham, 'cad']

chamuś (*gen. sg.* -a) (*dim. of* cham) : little cad

chędożyć *obs.* (chędożę, chędożysz) *perf.* schędożyć *kogoś* : to fuck, screw

Anioł jest to sługa Boży,
Adam Ewę wciąż chędoży. =
"An angel is the servant of God,
Adam keeps on screwing Eve." (*a rhyme*)

chlać (chlam, chlasz / chleję, chlejesz) *perf.* nachlać się, schlać się : to guzzle, drink, hit the bottle; *See also:* wychlać

chlanie : heavy drinking, guzzling, boozing

chodzić pod kimś : to sleep with sb. (*said of females*)

Pod kim ona chodzi = Who does she sleep with?
[*lit.* 'Who is she going under?')

cholera : 1. sonofabitch, bastard 2. bitch 3. rage 4. (*interjection*) hell, damn it

Cholera! = Damn it!
Cholera jasna! = Hell! Damn it!
Cholera mnie wzięła. = I got mad as hell.
Cholera by ich wzięła! = To hell with them!

Co do cholery = What the hell is going on?
Co, do cholery = What the hell do you want?
Idź do cholery! *or* Idź w cholerę! = Go to hell!
Po jaką cholerę = What the hell for?
od cholery = a hell of a lot
Mam od cholery roboty. = I have a hell of a lot
  of work.

cholernie *adv.* : damned, like hell, awfully

cholernik : sonofabitch, violent man

cholerny *adj.* : damned, hellish
  cholerny hałas = hellish ruckus, damned noise
  cholerny kłopot = a hell of a problem

cholerować (choleruję, cholerujesz) : to cuss

chomąto : hick, yokel, bumpkin [*lit.* 'horse
collar')

chromolić (chromolę, chromolisz) : 1. to bullshit,
talk nonsense 2. to not care
  Nie chromol! = Stop bullshitting! Stop lying!
  Ja chromolę. = I couldn't care less.
  Ja chromolę! = Oh my! Well, I'll be damned!

chrzanić (chrzanię, chrzanisz) : 1. to lie, bullshit
2. to scold, tell sb. off [*from:* chrzan, 'horseradish']

chuj : cock, prick, penis
  kręcić chuja = to jack off
  do chuja niepodobny = bad, fucking bad
  zimno jak chuj = fucking cold
  gorąco jak chuj = fucking hot
  spocony jak chuj = sweaty as a prick
  Na chuj mi to = What the hell for?
  Po chuj mi to = What the hell for?
  Po chuju! = Great! Fantastic!
  Chuj ci w dupę! = Up yours!
  Chuju pierdolomy! = You fucking prick!
  Chuju rybi! = You fish's prick!
  Ty chuju niedomyty! = You dirty prick! [*lit.*
    'You inadequately washed prick!']
  Ty chuju złamany! = You broken prick!
  Żeby ci smród chuja powykręcał! = I hope the
    filthy stench twists off your cock!
  chujem gruszki obija = he's fucking off, being
    lazy [*lit.* 'he's shaking down pears with his
    cock']

chujek (*dim. of* chuj) : 1. little cock   2. fucker, prick

Ma małego chujka. = He's got a little cock.

Ty chujku! = You fucker! You little prick!

chujowina : fucker

chujowo *adverb* : crummy, fucking bad, shitty

W szkole było chujowo. = School was really the shits.

Chujowo ale bojowo. = It's bad but it could be worse.

chujowy *adj.* : bad, fucked, crappy

chujowy film = a crappy movie

chwalidupa loud-mouth, boaster

ciota (*aug. of* ciotka) : 1. an old queer   2. menstruation

Mam ciotę. = I'm on the rag.

ciotka : period, menstruation [*lit.* 'aunt']

Ciotka przyjechała. = My period has begun. [*lit.* Auntie has arrived.]

cipa : 1. cunt, pussy 2. cunt [*an abusive term for a female*] 3. pussy [*a derogatory term for a male*]

Wsadź sobie w cipę! = Cram it up your cunt!
Ty głupia cipo! = You stupid cunt! [2.]
Ale z ciebie cipa! = You pussy! [3.]

cipeczka (*dim. of* cipa) : cunt, pussy

cipka (*dim. of* cipa) : cunt, pussy

ciul : prick, cock, penis

ciupa : cunt, pussy [*lit.* 'jail cell', 'tiny dwelling']

ciupciać (ciupciam, ciupciasz) *perf.* wyciupciać kogoś : to fuck, screw

ciupcianie : fucking, screwing

ciupeczka (*dim. of* ciupa) : cunt, pussy

ciupka (*dim. of* ciupa) : cunt, pussy

cizia : chick, broad

ckliwić się *prison slang* (ckliwię, ckliwisz się) : to jack off, masturbate

cnota : 1. cherry, virgin   2. would-be virgin [*lit.* 'chastity', 'virginity']

    pozbawić *kogoś* cnoty = to pop *sb's* cherry, de flower *sb.*

    stracić cnotę = to lose one's cherry/virginity

cwel *prison slang* : person raped by prison mates or forced to perform homosexual acts

cyc (*pl.* cyce; *gen. pl.* -ów) (*aug. of* cycek, cycki) : tit, boob

    Ma cyce jak donice = She's got tits like flower pots.

cycasta *adj.* : stacked, busty, built, buxom

cycata : girl with big tits, stacked/buxom female

cycek (*pl.* cycki; *gen. pl.* -ów) : titty, boob

cygaro z bakami : prick, cock, penis [*lit.* 'cigar with sideburns']

cynadesik *prison slang* : young inexperienced female

cynogier *prison slang* : cunt

cytryna 1. pussy, cunt 2. tit, breast

czajka *prison slang* : prostitute [*lit.* 'lapwing']

czubek : prick, cock, penis [*lit.* 'tip']

ćma *prison slang* : prostitute [*lit.* 'moth']

ćpunek : prick, cock, penis

dawać (daję, dajesz) *komuś* : to be an easy lay, to give ass
    dawać dupy : 1. to give ass 2. to fail, to lose
    Wszystkim daje dupy. = She gives everyone a piece.
    Dał dupy. = He lost. He blew it.

de *indecl.* [*the letter* d] : *abbreviation for* dupa

decha (*aug. of* deska) : flat-chested woman [*lit.* 'board']

derby *indecl. prison slang* : group masturbation [*lit.* 'derby', 'horse race']

deska : flat-chested woman [*lit.* 'board']

diabeł : devil

Idź do diabła! = Go to the devil!

Idź do wszystkich diabłów! = Go to hell! [*lit.* 'Go to all the devils!']

Niech to diabli wezmą! = Devil take it!

Niech to diabli! = Devil take it!

Niech to wszyscy diabli wezmą! = To hell with it!

diabelskie nasienie (*gen. sg.* -a) : devil's seed, devil's offspring

dłubać (dłubię, dłubiesz) *perf.* podłubać *kogoś* : to fuck [*lit.* 'to hollow out', 'ream out']

dmuchać (dmucham, dmuchasz) *perf.* przedmuchać *kogoś* : to fuck *sb.*

dmuchawica : a lay, a girl

dmuchawka = dmuchawica

dogodzić : to satisfy a woman

dojebać (dojebię, dojebiesz) *komuś* : to beat up *sb.* [*from:* 'to fuck']

Ale mu dojebał! = He really beat the shit out of him!

dojebać się (dojebię, dojebiesz się) *do kogoś* : to latch on *to sb.*, to accost [*from:* 'to fuck']

    Czegoś się dojebał do mnie = What are you latching onto me for?

dołek *prison slang* : rape

donice (*gen. pl.* donic) : tits, boobs [*lit.* 'flower pots']

dopieprzyć (dopieprzę, dopieprzysz) *komuś* : 1. to beat up *sb.* 2. to mess up, fuck up *sb.* [= dopierdolić] *See:* pieprzyć

dopieprzyć się (dopieprzę, dopieprzysz się) *do kogoś* : to latch on *to sb.* [= dopierdolić się] *See:* pieprzyć

dopierdolić (dopierdolę, dopierdolisz) *komuś* : 1. to beat up *sb.* 2. to mess up, fuck up *sb.* [*from:* pierdolić, 'to fuck']

dopierdolić się (dopierdolę, dopierdolisz się) *do kogoś* : to latch on *to sb.* [*from:* pierdolić, 'to fuck']

    Czegoś się dopierdolił do mnie = What are you latching onto me for?

dotarta *adj.* : broken in, experienced, "cut"

drut : cock, prick [*lit.* 'wire']
  ciągnąć druta = to blow, suck off

drzysnąć : 1. to shit, defecate 2. to let a strong fart

drzystać to fart

duda : cunt [*lit.* 'bagpipe']

dupa : 1. ass, butt(ocks) 2. fool, ass 3. cunt 4. a lay, piece of ass
  dupa wołowa = idiot, ass [*lit.* 'an ox's ass']
  kręcić dupą = to wiggle one's ass
  dawać dupy = to give some ass [*See:* dawać]
  do dupy = bad, fucked, crappy
  Pocałuj mnie w dupę! = Kiss my ass!
  Mam to w dupie. = I don't give a fuck about that. I don't give a shit.
  Nie zawracaj mi dupy. = Don't bug me.
  Kurza dupa! = Oh boy! [*lit.* The hen's ass!]
  Skocz mi do dupy. = Jump up my ass.
  Ten film był do dupy. = That movie was shitty.

Smaruj chłopu dupę miodem, jeszcze gorszy będzie. = Smear a peasant's ass with honey, he'll be even worse.

Do dupy na flaki. = To the ass for tripe soup. [*A flippant answer to* 'Where are you going?']

Do dupy na raki (pojedziesz)! = No way!, You can't go there!, Don't you dare!

Dupa nie skorupa, to się nie rozbije. = Your ass isn't an eggshell – it won't break.

Dupę szkłem uciera. = He wipes his ass with glass [he's so stingy].

Dupie kij, nosowi chustka. = A handkerchief for your nose, a paddle for your ass. [To each his own.]

Jak dupy poszły, tak i bździny nie ma. = Since the assholes left there haven't been any farts. [Without fools nothing foolish is said.]

Jako dupa poszła do biskupa, tako przyszła od biskupa. = As the asshole went to the bishop, so the asshole returns from the bishop.

Nie strzelaj koło domu, bobyś strzelił w dupę komu. = Don't shoot by the house or you'll shoot someone in the ass.

Słuchaj głowy, a nie dupy. = Listen to your head, not your ass.

W dupie był, gówno widział. = He was in the ass and he saw the turd. [*Said of braggart.*]

Więcej w dupie gówien niźli w głowie mózgu. = More turds in the ass than brains in the head.

Wygląda, jak dupa z za krzaka. = He looks like an ass from behind the bushes.

Wyżej sra, jak dupę ma. He shits higher than his ass. [He really thinks highly of himself!]

dupcia (*dim. of* dupa 1., 3) : 1. ass 2. little pussy, girl

dupczyć (dupczę, dupczysz), *perf.* przedupczyć, wydupczyć, zdupczyć *kogoś* : to fuck *sb.*

dupczyć (dupczymy, dupczą się) : to fuck, screw
Dupczą się. = They're screwing.

dupeczka (*dim. of* dupa) : ass, pussy, piece of ass

dupek żołędny : 1. fool, asshole 2. Jack of Clubs [*compare:* walet żołędny, 'Jack of Clubs']
  Ty dupku żołędny! = You asshole! You ass of clubs!

duperele *pl.* bullshit, drivel, nonsense
  takie duperele = that's a bunch of crap

dupina : cunt [*from:* dupa 'ass']

dupodajec : queen, queer [*lit.* 'ass-giver']

dupodajka : easy lay, nympho [*lit.* 'ass-giver']

dupsko (*gen. sg.* -a; *aug. of* dupa) : big ass, horse's ass

duże niebieskie oczy : tits [*lit.* 'big blue eyes']

dymać (dymam, dymasz) *perf.* przedymać *kogoś* : to fuck *sb.*

dyndała : prick, cock, penis

dyndas : cock, prick [*from:* dyndać, 'to dangle']

dyndochy (*gen. pl.* -ów) : tits [*from:* dyndać, 'to dangle']

dziacha : girl, chick, broad

dzidzia : girl, chick, broad

dzięcioł : prick, cock, penis [*lit.* 'woodpecker']

dziewczynki : girlies, hookers

dziobać *imperf.* to screw, fuck [*lit.* 'to prick, jab']

dziobak : queer [*lit.* 'platypus']

dziura : cunt [*lit.* 'hole']

dziursko (*aug. of* dziura) : cunt, big cunt

dziwa (*aug. of* dziwka) : whore, slut

dziwka : whore, slut
  Ty dziwko! = You whore!
  Ty dziwko perdolona! = You fucking whore!

dziwka męska : male whore

dziwkarz : whoremonger, skirt-chaser

dzwonek : prick, cock, penis [*lit.* 'bell']

dzyndzel : cock, prick, penis

dzyndzelicha *prison slang* : cunt

dzyndzelocha *prison slang* : cunt

fagas : 1. prick, dick 2. lecher 3. flunkey

faja : prick, cock, penis

fajdać (fajdam, fajdasz) *perf.* nafajdać : to shit
Nie fajdaj tut! = Don't shit here!
Poszedł fajdać. = He went to take a crap.
See also: zafajdać

fajfus : prick, dick, weenie

fallus : prick, penis

farfocel : prick, cock, penis

fiut (fiutek) : prick, cock, penis

flądra : 1. slob 2. slut [*lit.* 'flounder']

flecistka : cock-sucker [female], woman who does blowjobs [*lit.* 'flute player']

flejtuch : prick, cock, penis [*lit.* 'slut']

flet : prick, cock [*lit.* 'flute']

grać na flecie 1. to suck off, blow; 2. to jack off
[*lit.* 'to play the flute']

ciągnąć fleta = to suck off, blow [*lit.* 'to pull the
flute']

Ale ma fleta! = What a rod he's got!

franca : 1. syphilis 2. an ugly woman, sleazy
witch

francowaty *adj.* : syphilitic

francowata zołza = syphilitic witch

frantik : prick, cock, penis

fujara (*aug. of* fujarka) : 1. cock, prick 2. fool,
ass

Ty fujaro! = You nincompoop!

fujarka : cock, prick [*lit.* 'fife', 'pipe']

grać na fujarce 1. to suck off, to blow; 2. to jack
off [*lit.* 'to play the pipe']

gie, giełgu *indecl. abbreviations for* gówno, 'shit'

glinę kopać *prison slang* : to fuck in the ass [*lit.* 'to dig clay']

glina fuzz, police

gliniak *prison slang* : ass [*from:* glina, 'clay']

gliniarz fuzz, police officer, constable

glut : prick, cock, penis [*lit.* 'snot']

gmyrek : prick, cock, penis

gnida : louse, sleaze, sneaky person
   Ty gnido! = You slime!

gnojek (*dim. of* gnój) : youngster, kid, little stinker

gnojówa : girl, little stinker [*from:* gnój, 'dung']

gnój : boy, brat, stinker, shitass kid [*lit.* 'dung']

gówienko (*dim. of* gówno) : little turd, piece of shit
   Poślij krówkę, alić ona przyniesie gówienko. = Send a ladybug and she'll bring you a tiny piece of shit. [You get what you bargain for.]

36

gówniany *adj.* : shitty

gówniany interes = a shitty deal, shitty business

gówniara : girl, little stinker, shit-faced girl [*from:* gówno, 'shit']

gówniarz : boy, little stinker, squirt [*from:* gówno, 'shit']

gówno : 1. shit, feces 2. shit, nothing 3. crap, trash, refuse

to mnie gówno obchodzi = I don't give a shit/ damn about it

Z gówna bicza nie ukręcisz. = You can't weave a whip out of shit.

Choćbyś miał najszczersze chęci, z gówna miodu nie ukręcisz. = However good your intentions, you can't squeeze honey out of shit.

Nawet w Paryżu nie zrobią z gówna ryżu. = Even in Paris they can't turn shit into rice. *said of person or thing*

Smaruj chłopa miodem, a on śmierdzi gównem.

= Smear a peasant with honey and he'll still stink like shit.

Kręci się jak gówno w przerębli. = He squirms like shit in an ice hole.

Złotem pisał, a gównem zapieczętował. = Written in gold and sealed with shit.

Ptak ptakowi nie dorówna, nie polezie orzeł w gówna. = Birds of a different feather, an eagle won't go crawling through shit.

Gdyby było wszystko jedno, to by było gówno miodem. = If it were really 'all the same,' then shit would be honey.

Wolę polskie gówno w polu niż fijołki w Neapolu. = I prefer Polish shit in the field to violets in Naples.

Robotnik jak z gówna perlik. = A worker like a pearl from shit. [lousy]

Odgryzł się jak świnia na zmarzniętym gównie. = He snapped back like a hog on frozen shit.

Siny jak psi gówno po deszczu. = Blue as dog shit after the rain.

Słoma, siano, dziegieć, gówno — nasi chłopcy chodzą równo. Straw and hay and tar and shit — our boys march evenly.

Kuchareczki praca w gówno się obraca. = The cook's work gets turned into shit.

Zmarzł jak gówno w trawie. = He froze like shit in the grass.

Złoty rzucił — dostał dwa; dwa postawił — gówno ma. = You bet a zloty and win two; then bet two and win shit.

Siedź cicho jak gówno w trawie. = Sit still like shit in the grass.

Gdyby mógł, to by spod siebie i gówno zjadł. = If he could, he'd it his own shit from underneath him.

— Co on robi — Gówno drobi. = 'What's he doing?' 'He's cutting shit into little pieces.' [*rhyming answer to unwanted question*]

Nie rusz gówny, bo śmierdzi. = Don't move shit — it stinks [let sleeping dogs lie].

gównojad : shit-eater

granatniki (*gen. pl.* -ów) : tits [*lit.* 'howitzers']

gruby (*gen. sg.* -ego) : cock, prick [*lit.* 'crude', 'coarse']

grucha : prick, cock, penis

gruczoł (*gen. sg.* -u) : cock, prick [*lit.* 'gland']

gruzinka : low-class whore [*from:* gruzy - debris, rubble, where these women plied their trade after the war]

grzechomierz *prison slang* : prick [*lit.* 'sin-meter']

grzejniki (*gen. sg.* -ów) : tits [*lit.* 'radiators']

grzyb : 1. turd, shit 2. cock, prick [*lit.* 'mushroom']

gzić się (gżę, gzisz się) : 1. to have the hots, be in heat 2. to neck with the guys 3. to run amuck

gżenie się : the hots, sex-frenzy

haftować : to puke, vomit [*lit.* 'to embroider']

hamerajda : cunt

hawan z bakami : cock with sidewhiskers

huj = chuj : cock, prick

hultaj : prick, cock, penis [*lit.* 'rascal']

interes (*gen. sg.* -u) : male's private parts [*lit.* 'business', 'enterprise']
  Schowaj interes. = Your fly's open. [*lit.* 'Hide your business'.]
  pokazać interes = to show one's business
  wyjąć interes = to take out one's privates

jadaczka : snout, mouth, trap [*lit.* 'eater']
  Zamknij jadaczkę! = Shut your trap!

jaja (*gen. pl.* jaj) : balls [*lit.* 'big eggs']
  Ale jaja! = What fun! ['What balls!']
  bez jaj = unimaginative, dull [*lit.* 'without balls']
  z jajem = spirited, brilliant [*lit.* 'with balls']
  Ale teraz bez jaj! = Okay, now cut the shit and tell it the way it really was.

jajca (*gen. pl.* jajec) : balls

jajka (*gen. pl.* jajek) : balls [*lit.* 'eggs']

japa : snout, mouth, trap
dać komuś w japę = to sock sb. in the trap
przypakować w japę = to sock in the trap

jebać (jebię, jebiesz) *perf.* przejebać *kogoś* : to fuck *sb. See also:* dojebać, dojebać się, najebać, pojebać, przyjebać, rozjebać, ujebać się, wyjebać, zajebać, zajebać się

jebaka : fucker (*male*)

jebany *adj.* : fucked
w mordę jebany = fucked in the mouth
w dupę jebany = ass-fucked

jebasia : fucker (*female*)

jednooki : prick, cock, penis [*lit.* 'one-eyed']

jełop : idiot, asshole

k, ka *indecl. abbreviation for* : kurwa, 'whore'

kabel : prick, rod, cock [*lit.* 'cable']
ciągnąć kabla komuś = to suck sb. off [*lit.* 'to pull sb.'s cable']

kablować (kabluję, kablujesz) *komuś* : to suck *sb*. off [*lit.* 'to "cable" sb.']

kadzić 1. to fart, break wind 2. to pay a cheap/insincere compliment

kakać *imperf.* : to (take a) crap, defecate

kaku — robić kaku = to poop, crap, defecate

kanarek : peter, teeter [*lit.* 'canary']

kapa : cunt, pussy

kapka (*dim. of* kapa) : cunt, pussy

kapral : prick, cock, penis [*lit.* 'corporal']

kaptur mnicha robić : to do the "monk's hood" [*an impossible sexual feat in which the female wraps the male's foreskin over her head like a monk's hood*]

Robiliśmy w łóżku wszystko, nawet kaptur mnicha. = In bed we did everything, even the monk's hood.

kapucyn : prick, pecker, cock [*lit.* 'Capuchin monk']

kiełbasa prick, cock [*lit.* 'sausage']

kiep : asshole, idiot

kindybał : pecker, cock
napad z kindybałem w ręce = rape [*lit.* 'assault with pecker in hand']

kiszkować (kiszkuję, kiszkujesz) : to fuck in the ass [*homosexual, prison slang; from:* kiszki, 'bowels']

kita : prick, cock, penis

kitrak *prison slang* : queen, passive homosexual

klarnet : prick, cock, penis [*lit.* 'clarinet']

knebel : prick, cock, penis

knot : prick, pecker, cock [*lit.* 'candle wick']

kogut : prick, cock, penis [*lit.* 'rooster']

kokoszka : cunt [*lit.* 'laying hen']

kołek : prick, cock, penis

kondon : condom, rubber [*correct form:* kondom]

koń : cock, prick [*lit.* 'horse']

bić konia *or* walić konia *or* trzepać konia = to beat off, jack off [*lit.* 'to beat the horse']

śmigać konia = to beat off [*lit.* 'to lash the horse']

rąbać konia na postoju to beat off [*lit.* 'to axe the horse at the stopping place']

dosiąść konia = to mount *sb.* [*lit.* 'to mount the horse']

kopiejka *homosexual, prison* : ass [*from:* kopać, 'to dig']

przyłatwiać *kogoś* w kopiejkę = to fuck *sb.* in the ass

kopsadełek : prick, cock, penis

korkować (korkuję, korkujesz) *kogoś homosexual, prison slang* : to fuck in the ass [*lit.* 'to cork']

korzeń : rod, pecker, prick [*lit.* 'root']

kosmaczka : pussy, beaver [*from:* kosmaty, 'hairy', 'curly']

kotłować się (kotłuję, kotłujesz się) : to neck, to pet

kręcidupa : a fidget [*lit*. 'fidget-ass, ass-twister']

kuciapa : 1. cunt, pussy 2. pussy, cunt, male with no guts, inept male

kuciapka (*dim. of* kuciapa) : cunt

Ej, po Orawskiej stronie	Oh, over in Orava
Kąpał się dziad z babką,	Granny was bathing with Grandpa
Ej, utonęła babka	Oh, Granny drowned
Do góry kuciapką.	Cunt up, head down.
Nie tyle żal babki	A great loss Granny wasn't
Ile tej kuciapki,	But too bad about her cunt
Ej, byłoby dla dziadka	Grandpa could have used that
Futerko dla czapki!	For a new fur hat!

kuczma : cunt

kupa : turd

kurdupel : shorty, runt

kurde *interjection* : Shit! Fuck! Damn it! [*euphemism for* kurwa, 'whore']
kurde mol = Fuck! [*euphemism for* kurwa mać]
Variants: kurde molo, kurde flak, kurde fiko, kurde balans, kurde bele, kurde mele

kurestwo = kurewstwo

kurewka (*dim. of* kurwa) : whore

kurewski *adj.* : whore's, goddamned, fucking
kurewskie nasienie = whore's offspring
kurewski pomiot = whore's brood, whore's offspring

kurewstwo : 1. dirty trick 2. stupid blunder

kurwa : whore, slut
kurwa męska = male whore
chodzić na kurwy = to go chasing whores
Kurwa! = Fuck!
Kurwa mać! = Fuck! Sonofabitch! [*lit.* 'Your mother's a whore!']
Kurwa twoja mać! = Fuck! Sonofabitch!

Kurwa twoja w dupę pierdolona, w pizdę (mor
dę) zajebana mać! = Your mother's an ass-
fucked, cunt-fucked whore!

W kurwę zajebany! = You sonofabitch!

Kurwa kurwie łba nie urwie *or* Kurwa kurwie
dupy nie urwie. = Birds of a feather flock together ['Whores stick together']

do kurwy nędzy = what fucking misery, what a
rotten situation *expresses frustration*

kurwiarnia : café or bar where prostitutes hang
out [*compare:* kawiarnia, 'café']

kurwiarz : whoremonger, whore chaser

kurwić się (kurwię, kurwisz się) : 1. to be a
whore 2. to fuck; *perf.* skurwić się = to become a
whore

kurwidołek : a small, godforsaken place; some
hole in the wall

w jakimś kurwidołku = in some Podunk

kurwiszcze (*gen. sg.* -a; *aug. of* kurwiszon) :
1. old whore 2. nympho, easy lay

kurwiszon (*gen. sg.* -a) : 1. old whore 2. nympho, easy lay

kurzyć 1. to fart, break wind 2. to smoke

kuś : prick, cock, penis

kuśka : prick, pecker

kut : prick, pecker

kutas : prick, pecker [*lit.* 'tassle']
Ty kutasie! = You prick!
Ty kutasie złamany! = You broken prick!

kutasek (*dim. of* kutas) : prick, pecker

kutasik = kutasek, 'prick', 'pecker'

kutek (*dim. of* kut) : prick, pecker

kuźnia : box, cunt [*lit.* 'smithy']

lacha : rod, cock (*aug. of* laska, 'stick', 'cane')
Kładę lachę na to. = I don't give a fuck about that. [*lit.* 'I lay my rod on that']
Ale lacha! = What a chick!

lać (leję, lejesz), *perf.* odlać się : to pee, piss [*lit.* 'to pour']

lachudra : 1. prick, rod, cock 2. slut
drzeć lachudrę *prison slang* to jack off

laga : prick, cock, penis

laska : 1. girl 2. : prick, cock, penis [*lit.* 'stick', 'cane']

lizak : prick, cock, penis [*lit.* 'lollipop']

lufa : prick, cock, penis [*lit.* 'barrel']

łajno : turd, dung

łajza : nympho, sleazy woman

łysy (*gen. sg.* łysego) : prick [*lit.* 'bald fellow']

macać (macam, macasz) *kogoś* : to pet, stroke, caress

macanka : petting, making out, necking

malutki (**mały**) : prick, cock, penis [*lit.* 'tiny', 'small']

męski instrument : prick, cock, penis [*lit.* 'male implement']

mewka : prostitute at the seaside [*lit.* 'seagull']

męskość : prick, cock, penis

michał : prick, cock, penis

mineciara : woman who gives blowjobs [*from:* mineta]

mineta : blowjob, oral sex
  odstawić minetę *komuś* (*or* robić minetę *komuś*)
  = to give *sb.* a blowjob

minetka (*dim. of* mineta) blowjob, oral sex

mleczarnia : tits, boobs, jugs [*lit.* 'a dairy']

morda : snout, mug
  dać komuś w mordę = to hit sb. in the snout
  bić (lać, zasunąć) *kogoś* w mordę = to sock *sb.*
  in the face

nabździć (nabżdżę, nabździsz), *imperf.* bździć : to really 'let one', 'cut the cheese', to stink a place up (by farting)

Kto tu tak nabździł = Who cut the cheese? Who farted?

nachlać się (nachlam, nachlasz [nachleję, nachlejesz] się) : to get soused, get pickled

nafajdać (nafajdam, nafajdasz) *imperf.* fajdać : to shit, to crap

Kto tu nafajdał = Who shit here?

nagan : prick, cock, penis

najebać (najebię, najebiesz) *kogoś* to beat the fuck out of sb., beat the living shit out of sb. [*from:* jebać, 'to fuck']

najebać się (najebię, najebiesz się) : to pork out, to gorge oneself [*from:* jebać, 'to fuck']

napalm (*gen. sg.* -u) *prison slang* : rape [*lit.* napalm]

napieprzyć (napieprzę, napieprzysz) *kogoś* : to beat up *sb.* [= napierdolić]

napierdolić (napierdolę, napierdolisz) *kogoś* : to beat the fuck out of sb. [*from:* pierdolić]

naskoczyć (naskoczę, naskoczysz) *komuś* : to jump on it

Możesz mi naskoczyć! = Up yours! [*lit.* You can jump on mine!]

naskoczyć na czubek = to jump on it

nasrać (nasram, nasrasz) *na coś, w coś* : to shit *onto sth., into sth.*

Jakby mi kto w kieszeń nasrał. = I feel as though someone shit in my pocket.

Nasrał ci pies w uszy. = Has the dog shit in your ears?

Masz w uszach nasrane. = Has someone shit in your ears?

Niemożliwe nagiemu w kieszeń nasrać. = You can't shit into a naked man's pocket.

Zadowolony, jakby mu kto do kieszeni nasrał. = He's just as happy as if someone had shit in his pocket.

Żeby Kaśka miła buty, toby w nich nasrała. = Kate would shit in her own shoes if she had any.

nery (*aug. of* nerki, 'kidneys') nuts, balls, testicles

obciągacz : prick, cock, penis

obciągnąć (obciągnę, obciągniesz) : to guzzle down

obesrać (obesram, obesrasz) *kogoś, coś* : to shit all over *sb., sth.*

obrabiać 1. to lay, fuck 2. to mug, rob

ochrzanić (ochrzanię, ochrzanisz) *kogoś* : to cuss out [*from:* chrzan, 'horseradish'; *compare:* chrzanić]

odjebać się (odjebię, odjebiesz się) : 1. to fuck off, bug off 2. to get all dressed up, to get all slicked up [*from:* jebać, 'to fuck']

odlać się (odleję, odlejesz się) *imperf.* : lać to take a piss

odpieprzyć się (odpieprzę, odpieprzysz się) = odpierdolić się — *See:* pieprzyć

odpierdolić się (odpierdolę, odpierdolisz się), *imperf.* odpierdalać się : 1. *od kogoś* to fuck off, bug

54

off, go away 2. to get all decked out, dressed up
[*from:* pierdolić, 'to fuck']

    Odpierdol się! = Fuck off!

    Odpierdoliła się ode mnie. = She quit bugging
      me.

    Odpierdolił się jak stróż w Boże Ciało. = He got
      all spruced up like a janitor on Corpus
      Christi.

odwalić się (odwalę, odwalisz się), *imperf.*
    odwalać się : to bug off, move on
    Odwal się! = Bug off! Beat it!

ogon : prick, cock, penis [*lit.* 'tail']

oklapicha *prison slang* : cunt

opieprzyć (opieprzę, opieprzysz) *kogoś, coś*
    = opierdolić *See:* pieprzyć

opierdalać się (opierdalam, opierdalasz się) : to
wile away the time, to fuck around [*from:* pierdolić, 'to fuck']

opierdolić (opierdolę, opierdolisz) *kogoś, coś*
imperf. opierdalać : 1. to cuss out 2. to eat up
[*from:* pierdolić, 'to fuck']
    Opierdolił cały talerz kartofli. = He wolfed
    down a whole plate of potatoes.

osrać = obesrać to shit all over (*sb., sth.*)
    Sam nie wie, kto mu dupę osrał. = He doesn't
    even know how his own ass got smeared with
    shit.

osraniec : shitass, person who shits on himself
(*often used to berate child*)

ostrojebiec : hard fucker [*male; lit.* 'sharp fucker']

oszczać to piss on, urinate on

ożóg : prick, cock, penis

pal : cock, rod [*lit.* 'stake']
    na pal wbić *kogoś* = to rape *sb.* [*lit.* 'to impale']

palant : prick, cock, penis

palec : prick, pecker [*lit.* 'finger', 'toe', 'digit']
in the expression: dwudziesty pierwszy palec —
twenty-first digit

pała : rod, cock, penis [*lit.* 'stick']

pałetek : prick, cock, penis

parnik *prison slang* : ass [*lit.* 'steam cooker']

parówa *prison slang* : queen, passive homosexual
[*from:* parówka]

patafian : prick, cock

paw *gen. sg.* pawia : barf, vomit [*lit.* 'peacock']
pawia puścić = to puke [*lit.* 'to let the peacock
loose']

pawiować (pawiuję, pawiujesz) : to puke, to
vomit [*lit.* 'to "peacock"']

pedał : queer, homosexual

pedryl (*aug. of* pedał) : queer, homosexual

pedzio (*dim. of* pedał) : queer, homosexual

pic : cunt, pussy
   Pic na wodę fotomontaż! = Impossible! Unbe-
   lievable!

pica : cunt, pussy

pichna : cunt, pussy

pichula : cunt, pussy

picuś (*dim. of* pic) : 1. cuntie, pussy 2. a bullshit
artist

picza : cunt, pussy
   diminutives: piczka, piczuchna

pieprzenie : 1. screwing, fucking 2. bullshitting
   See: pieprzyć

pieprzony *adj.* : fucked, damned

pieprzyć (pieprzę, pieprzysz) : 1. *kogoś* to screw
sb. 2. to bullshit, lie, exaggerate 3. to not give a
damn [*lit.* 'to pepper'; *euphemism for* pierdolić]
   Ja to pieprzę. = I don't give a damn about that.
   Ja pieprzę. = I don't give a damn.
   Ja pieprzę! = Well I'll be damned!

Przestań pieprzyć. = Cut the bullshit.
See also: dopieprzyć, dopieprzyć się, napieprzyć, odpieprzyć się, opieprzyć, podpieprzyć, popieprzyć, popieprzyć się, przypieprzyć, przypieprzyć się, rozpieprzyć, spieprzyć, upieprzyć się, zapieprzać, zapieprzyć; *Compare:* pierdolić

pieprzyć się (pieprzymy, pieprzycie się) : to screw
Pieprzyli się w windzie. = They were screwing in the elevator.

pierdel : prison, clink, slammer
Poszedł do pierdla. = They threw him in the slammer.

pierdnąć (pierdnę, pierdniesz) *imperf.* pierdzieć to fart, to let one
I księdzowi się przytrafi przy ołtarzu pierd nąć. = Even the priest farts by the altar sometimes.
Odważny i w kościele pierdnie. = A brave man will fart even in church.

Służ ty panu wiernie, a on ci jeszcze pierdnie. =
Serve your master well, and he'll fart for you
in return.

pierdnięcie : farting

pierdolić (pierdolę, pierdolisz), *perf.* przepierdolić = 1. *kogoś* to fuck *sb*. 2. to bullshit, lie, exaggerate 3. to not give a damn
Pierdolę to. = I don't give a fuck about that.
Ja pierdolę. = I couldn't care less.
Ja pierdolę! = Well I'll be damned! Balls o' fire!
See also: dopierdolić, dopierdolić się, napierdolić,
opierdolić, odpierdolić się, popierdolić, podpierdalać się, podpierdolić, przypierdolić, przypierdolić
się, rozpierdolić, rozpierdolić się, spierdolić, upierdolić, wpierdolić, wypierdolić, zapierdalać, zapierdolić

pierdolić się (pierdolimy, pierdolicie się) : 1. to
fuck 2. to get confused, mixed up, fucked up
Pierdolą się. = They're screwing.
Wszystko mi się pierdoli. = My head's fucked.
I'm getting everything confused.

pierdolony *adj.* : fucked

Kurwa twoja w dupę pierdolona, w pizdę zaje
bana mać! = Your mother's an ass-fucked,
cunt-screwed whore!

pierdoła (*gen. sg.* -y) : 1. old fart, old duffer
2. fool, idiot, asshole 3. bullshit artist

Pierdoła robi koła, pierdolina osie, a te małe
pierdolątka latają po szosie. = Mr. Fart makes
the wheels, Mrs. Fart makes the axles, and
those little Farts go flying down the highway.
[*about gossip*]

pierdołki crap, trifle, unimportant thing
takie pierdołki = that's a bunch of crap, that's not
important

pierdyka : farting

Szczyki bez pierdyki jak wesele bez muzyki. =
Pissing without farting is like a wedding without music.

pierdzieć (pierdzę, pierdzisz) *perf.* pierdnąć : to
fart

Jeden pierdzi, drugi śmierdzi. = They're just
alike. [*lit.* One farts, the other stinks.]

Święci byli, a pierdzili. = There were Saints, and
they farted, too.

pierdziel : dotard, fart, old duffer, old cuss stary
pierdziel = old fart

pierdzioch farter (*refers usually to older person,*
e.g. stary pierdzioch = old fart)

piernik : dotard [euphemism for pierdziel; *lit.*
'gingerbread']

stary piernik = old fart

Stary piernik może jeszcze orzechy tłuc. = An old
fart can still crack nuts.

pinda : 1. cunt 2. whore, bitch

Ty głupia pindo! = You stupid bitch!

pipa : box, cunt

pisia : pussy, box, cunt

pisiorek prick, peter, penis

pistolet : prick, cock, penis [*lit.* 'gun']

pitak : weenie, penis

pituch : weenie, penis
Goły ma tylko duch i pituch. = A naked man has
only his soul and his weenie.

pitul : weenie, penis

pitula : box, cunt

pitulek : weenie, dick

pizda : cunt
Pizda łysa! = You cunt! [*lit.* 'bald cunt']
Kurwa twoja w pizdę pierdolona, w dupę zaje
bana mać! Your mother's a cunt-fucked, ass-
screwed slut!
Ty pizdo grochowa! = you cunt! you slimy bitch!
[*lit.* 'you pea's cunt']
Pizda grochowa! = bullshit!

piździelec : fucker, bastard [*from:* pizda, 'cunt']

poćka : cunt

podesrać (podesram, podesrasz) *komuś* : to fuck
up, mess up, trip up *sb.* [*from:* srać, 'to shit']

podłubać (podłubię, podłubiesz), *imperf.* dłubać *kogoś* : to fuck *sb.* [*lit.* 'to tinker']
  Podłubał panienkę. = He screwed the girl.

podpieprzyć (podpieprzę, podpieprzysz) *coś* = podpierdolić, 'to steal', 'swipe'

podpierdalać się (podpierdalam, podpierdalasz się) *do kogoś* : to keep making passes *at sb.* [*from:* pierdolić, 'to fuck']
  Podpierdalał się do każdej dziewczyny. = He was sidling up to each and every girl.

podpierdolić (podpierdolę, podpierdolisz) *coś* : 1. to steal, swipe 2. to rat, inform on [*from:* pierdolić]
  Podpierdoliła mi kondony. She swiped my rubbers.

pofolgować (sobie) : to gain sexual satisfaction

pogrzebacz : prick, cock, penis [*lit.* 'poker']

pojebać (pojebię, pojebiesz) : to fuck awhile
  See: jebać

pojebadło : prick, cock, penis

popieprzyć (popieprzę, popieprzysz) = popierdolić; *See:* pieprzyć

popieprzyć się (popieprzymy, popieprzą się) = popierdolić się; *See:* pieprzyć

popierdolić (popierdolę, popierdolisz) : 1. to fuck awhile 2. to bullshit awhile, talk nonsense awhile

popierdolić się (popierdolimy, popierdolicie się) : 1. to fuck awhile 2. to get screwed/fucked up, become confused

  Popierdoliło mi się. = I've gotten things confused.

  Coś mi w głowie popierdoliło. My head is all fucked up.

popielnik *prison slang* : ass [*lit.* 'ash-pan in a stove']

popuścić 1. to shit, defecate 2. to fart silently 3. to pass (a secret)

prawiczka : virgin, cherry

prącie : prick, penis

prostodziura *prison slang* : slut

pryk : old duffer, fart
 stary pryk = old fart

prykać (prykam, prykasz), *perf.* pryknąć : to fart

przecinak : prick, cock, penis

przedmuchać (przedmucham, przedmuchasz) *kogoś* : to fuck sb. [*lit.* 'to blow through *sb.*']

przedsięwzięcie : tits [*lit.* 'enterprise']

przedupczyć (przedupczę, przedupczysz) *imperf.* dupczyć *kogoś* : to fuck

przejebać (przejebię, przejebiesz) *imperf.* jebać *kogoś* : to fuck

przejebany *adj.* : fucked
 przejebana sprawa = fucked up deal, hopeless situation

przelecieć (przelecę, przelecisz) *kogoś* : to lay, screw, fuck [*lit.* 'to fly through *sb.*']

przepierdolić (przepierdolę, przepierdolisz), *imperf.* pierdolić *kogoś, coś* : 1. to fuck 2. to waste [time, money etc.]

przerypać (przerypię, przerypiesz), *imperf.* rypać *kogoś* : to fuck

przerżnąć (przerżnę: przerżniesz) *kogoś* : to fuck

przetrząsać niewasty to fuck

przydupić (przydupię, przydupisz) *kogoś* : to catch, nab, foil *sb.*

przyjebać (przyjebię, przyjebiesz) *komuś* : to sock, clout *sb.* [*from:* jebać, 'to fuck']

przypieprzyć (przypieprzę, przypieprzysz) *komuś* = przypierdolić, 'to sock', 'hit', 'clout' *sb.*
  See: pieprzyć

przypieprzyć się (przypieprzę, przypieprzysz się) (do kogoś) = przypierdolić się to latch onto *sb.*
  See: pieprzyć

przypierdolić (przypierdolę, przypierdolisz się), *imperf.* przypierdalać *komuś* : to hit, sock, clout [*from:* pierdolić, 'to fuck']

przypierdolić się (przypierdolę, przypierdolisz się), *imperf.* przypierdalać się *do kogoś* : to latch onto *sb.* [*from:* pierdolić, 'to fuck']

przyrodzenie : prick, cock, penis

przysrać (przysram, przysrasz) *komuś* : to cuss out, to tell off [*from:* srać - to shit]

Ale mu przysrała! = She really told him off!

Aleś mi przysrał, widać żeś dupa. = That asshole tried to tell me off.

Psiajucha! *interjection* : Damn it! [*lit.* 'dog's blood']

Psiakrew! *interjection* : Damn it! [*lit.* 'dog's blood']

Psiamać! *interjection* : Damn it! [*lit.* 'dog's mother']

psiocha : cunt

psipsia : pussy, box

psiucha : cunt

ptak : prick, cock [*lit.* 'bird']

ptaszek (*dim. of* ptak) : weenie, penis [*lit.* 'bird-ie']

pudło : 1. old whore 2. prison, clink [*lit.* 'box']

puszczać się (puszczam, puszczasz się) : to sleep around, to play around, to be promiscuous

puszczalska (*gen. sg.* -i) : an easy lay, floosie, loose woman

puzon : prick, cock, penis [*lit.* 'trombone']

pysk : mug, snout
 Stul pysk! = Shut your trap!

pyta : prick, rod, cock

pyton : prick, cock, penis [*lit.* 'python']

raszpla : hag, whore [*lit.* 'rasp']

rosówka : old prostitute [*lit.* 'dew-worm']

rozeda : prostitute

rozjebać (rozjebię, rozjebiesz) *coś* : to smash, to ruin, to tear to fuckin' smithereens [*from:* jebać, 'to fuck']

rozpieprzyć (rozpieprzę, rozpieprzysz), *imperf.*
rozpieprzać *coś* : to smash, to ruin, to tear apart
[= rozpierdolić]; *See:* pieprzyć

rozpierdolić (rozpierdolę, rozpierdolisz) *imperf.*
rozpierdalać *coś* : to smash, to ruin, to tear apart
[*from:* pierdolić, 'to fuck']

rozpierdolić się (rozpierdolę, rozpierdolisz się),
imperf. rozpierdalać się : to fall apart, get ruined
[*from:* pierdolić, 'to fuck']
　Lala, bucik ci się rozpierdala! = Hey dollie, your
　　little shoe's all fucked up! [an obscene rhyme
　　chanted to girls to embarrass them]

rozporek : clit, cunt [*lit.* 'slit, trouser fly']

rozprut *prison slang* : queen, passive homosexual
[*from:* rozpruć, 'to rip open']

ruchać (rucham, ruchasz) *perf.* wyruchać *kogoś* :
to fuck *sb.*

ruchać się (ruchamy, ruchacie się) : to fuck, to
screw

Ruchają się na podłodze. = They're ballin' on the floor.

Ona się dobrze rucha. = She's a good lay.

ruchadło (*gen. sg.* -a) : a good lay/piece (of ass) [*female; from:* ruchać, 'to fuck']

ruchawica = ruchadło, 'a good lay'

ruchawka tender young lay/piece of ass

rumcajs : prick, cock, penis

rura : 1. whore 2. queen 3. asshole [*lit.* 'pipe']
Ty ruro! = You slut!

rygiel : prick, cock, penis [*lit.* 'bolt', 'bar']

ryj : snout
Swiński ryju! = You pig's snout!
Zamknij ryj! = Shut your trap! Shut your snout!

ryło (*aug. of* ryj) : snout

rypać (rypię, rypiesz) *kogoś, coś* : to fuck *sb., sth.*

rypała : prick, cock, penis

rypnąć *perf.* przerypać Sprawa się rypła. = The whole affair got fucked up.

rzeżączka : gonorrhea
Lepsza rączka niż rzeżączka. = Better the hand than gonorrhea. [*a rhyme*]
Ty masz kiłę, ja rzeżączkę, więc podajmy sobie rączkę. = You've got syph and I've got the clap, so let's shake hands.

rzygać (rzygam, rzygasz) *perf.* : rzygnąć, wyrzygnąć to puke, barf, throw up

rzygi (*gen. pl.* -ów) : vomit, barf

rzygowiny (*gen. pl.* rzygowin) : vomit, barf

rżnąć (rżnę, rżniesz) *perf.* przerżnąć *kogoś* : 1. to fuck, screw *sb.* 2. to shit, defecate

rżniętka (a) thrashing

schamieć (schamieję, schamiejesz), *imperf.* chamieć : to become a cad, to become vulgar

schlać się (schlam, schlasz [schleję, schlejesz] się), *imperf.* chlać : to get soused, smashed, pickled

schędozyć *obs.; perf. of* chędoyć

sikać (sikam, sikasz), *perf.* wysikać się : to piss [*lit.* 'to trickle, spirt']

sikawka : prick, cock, penis

siki *pl.* piss, urine

siksa : 1. slut, whore, easy lay 2. stupid chick

siurek : prick, cock, penis

siusia : pussy, box

siusiać to pee, urinate [*usually in children's speech*]

siusiak : peter, teeter [*usually in children's speech*]

siuśka : 1. pussy, box [*usually in children's speech*] 2. bitch

skubać: skubać dziewki = to pinch a girl's butt

skubaniec : bastard, sonofabitch

skubaniutki (*gen. sg.* -ego) : son of a gun
 Ty skubaniutki! = You son of a gun!

skubany (*gen. sg.* -ego) : bastard, sonofabitch

skurkowaniec : bastard, sonofabitch

skurkowany (*gen. sg.* -ego) : bastard, sonofa-bitch

skurczybyk : bastard, sonofabitch

skurwić się (skurwię, skurwisz się), *imperf.* kurwić się : to become a whore, to take to the streets [*from:* kurwa, 'whore']

skurwiel : bastard, sonofabitch, whore's son
  Skurwielu! = You mother-fucker!

skurwysyn : bastard, sonofabitch, whore's son [*from:* kurwa, 'whore']

skurwysyństwo : dirty trick, nasty/rotten act

smoczek : prick, cock, penis [*lit.* 'baby's pacifier']

spieprzyć (spieprzę, spieprzysz) = spierdolić
  See: pieprzyć

spierdolić (spierdolę, spierdolisz) : 1. to run away, to turn tail, to "split" 2. *coś* to ruin, fail, fuck up [*from:* pierdolić, 'to fuck']

spust : prick, cock, penis [*lit.* 'trigger']

spuszczać się (spuszczam, spuszczasz się) : to come, to ejaculate

sracz : 1. shitass, punk 2. shithouse, outhouse

sraczka : the runs, the shits, diarrhea

Po kiermaszu sraczka. = After the fair there's the diarrhea.

Kochanie gorsze niż sraczka. = Love is worse than the shits.

Lata, jakby miał sraczkę. = He's flyin' like he had the shits.

Miłość, śmierć i sraczka przychodzą znienacka. = Love, death and diarrhea come suddenly.

Jak nie urok, to sraczka. = If it's not an evil spell, then it's the trots. [*About constant excuses or complaints*]

srać (sram, srasz [sraję, srajesz]), *perf.* wysrać się, zesrać się : to shit, to crap

Bieda z nędzą srać nie dają, a srać pędzą. = Hard luck and poverty won't let you eat, yet they force you to shit.

Będziesz cienko srał. = You're going to shit a fine
stream of shit. [= You're in big trouble.]

Jak się człowiek naje grochu, to potem sra po
trochu. = When you fill up on peas, you expect
to shit afterwards, a little at a time.

Ma minę srającego kota na puszczy. = He looks
like a cat shitting in the wild.

Trzeba znać, gdzie chodzą srać. = You've got to
know where to take a crap. [rhyme]

Nie sraj crzanem! Stop shitting horseradish! [Cut
the bullshit.]

Baju, baju, będziesz w raju, tam gdzie kury srają. = Rockaby baby, you'll soon be in heaven
where the hens shit.

Mówi, jakby z mostu srał. = He speaks as though
he'd just shit off of the bridge [with difficulty].

Wyżej sra, jak dupę ma. = He shits higher than
his ass.

Nie miał wilk czym srać, to łykiem. = The wolf
had nothing to shit, so he shit tree bark. [*about
a bullshitter*]

Ja cię nauczę, jak srać w onuczę! = I'll teach you
to shit in your leggings!

Moje woły srają w doły. = My oxen shit in the
lowlands. [All is okay with me.]

Nie sraj chrzanem. = Don't shit horseradish.
[Don't bullshit.]

Srały muchy po ścianie = cut the crap! you're
(bull)shitting me [*lit.* 'the flies shit on the wall']

    Sraky muchy

    Będzie wiosna

    Będzie trawa lepiej rosła

    = cut the crap, I don't believe you [*lit.* 'Flies shitted,
      Spring is coming, The grass will grow better']

See also: nasrać, obesrać, osrać, przysrać

sraka : 1. ass, butt 2. the runs, the shits, diarrhea

Sral : Wygląda jak Sral z Przysuchy. = He looks
like ol' Shitface from Dry Gulch.

sraluch : shitass, punk

sranie : shitting, crapping

stać (stoi) *komuś* : to have a hard on/erection
Stoi mu. = He's got a hard on.

stawać (staję) *komuś* : to get a hard on
Staje mu. = He's getting a hard on.

stojak *prison slang* : an erect cock, a hard-on
bić stojaka = to beat off, to jack off

strzykawka : prick, cock, penis [*lit.* 'syringe']

styja *prison slang* : ass
lutować styję = to fuck in the ass
lipować do styi = to fuck in the ass

suka : 1. bitch 2. police car [*lit.* 'bitch', 'female dog']

sukinsyn : sonofabitch [*lit.* 'bitch's son']

syf : 1. syphilis 2. anything bad 3. trouble 4. stench

syfić (syfię, syfisz) : 1. to stink 2. to bullshit
Ale syfi! = Boy it stinks!
Ale syfi! = He's sure bullshitting!

syfiara : female with V.D.

syfiarz : male with V.D.

syfiaście *adverb* : fucking, lousy [*from:* syf]
  Syfiaście! = It sucks! Fuck!

syfiasty *adj.* : fucking, lousy [*from:* syf]

szama : mouth, trap
  w szamę przypakować = to sock in the mouth
    w szamę załatwiać *or* w szamę przyłatwiać = to
    fuck in the mouth

szamać (szamię, szamiesz), *perf.* zszamać : to eat,
to wolf down
  See also: wszamać

szamiak : prick, cock, penis

szamka : food, grub

szamszurka : pussy, cunt

szantrapa : whore

szczać (szczam, szczasz) *perf.* : wyszczać się : to
piss

szczyl : brat, kid, little pisser

szczyny (*gen. pl.* szczyn) : piss, urine

szkapa *prison slang* : prick, cock [*lit.* 'old horse']
 w szkapę lecieć = to jack off, beat off

Szlag by to trafił! : To hell with it!
 Niech cię szlag trafi! = Go to hell!

szlaja : slut, whore

szlajać się (szlajam, szlajasz się) : 1. to live like
a whore, to sleep around 2. to hang out

szloić (szloję, szloisz) *prison slang* : to fuck in the
ass, to butt-fuck

szmata : slut, whore [*lit.* 'rag']

szpara : cunt, pussy [*lit.* 'crack, slit']

szponda *prison slang* : cunt

szpundel *prison slang* : prick, cock

szuja : backbiter, backstabber
 drobna szuja = petty backbiter

sztuczny gliguś : dildo

szwanc : prick, cock, penis

ściera (*aug. of* ścierka, 'rag') : whore, slut

ścierka : whore, slut [*lit.* 'rag']

ścierwo : 1. swine, scoundrel 2. stiff, corpse [*lit.* 'carrion']

śmierdziel : farter, stinker [*from:* śmierdzieć, 'to stink']

śmigacz : prick, cock, penis

świnia : swine, pig

świder : prick, cock, penis [*lit.* 'drill']

świński : filthy, foul, lowdown [*lit.* 'swine's']
  Zamknij świński ryj! = Shut your pig's snout!

świntuch : filthy swine, vulgar or obscene male

świntucha : swine, vulgar or obscene female

świntuszyć (świntuszę, świntuszysz) : to be vulgar or obscene, to act like a swine [*from:* świntuch]

towar (*gen. sg.* -u) : chick[s], broad[s] [*lit.* 'merchandise']

Ale towar! = Look at that hot number! [*lit.* 'Good merchandise!']

trykać pannę : to screw, fuck

trzonek : prick, cock, penis [*lit.* 'handle']

trzpień : prick, cock, penis [*lit.* 'pin', 'pivot']

tufta *prison slang* : whore, prostitute

tumiwisizm (*gen. sg.* -u) : apathy, an attitude of "I don't give a fuck" [*from:* Wisi mi. - I don't give a fuck. *See:* Wisi mi.]

udupić (udupię, udupisz) *kogoś* : to screw over, to fuck up [*from:* dupa, 'ass']
  Udupił mnie na drugi rok. = The teacher didn't pass me into the next grade.
  Udupili mnie na dziesięć lat. = They gave me ten years in prison.

ujebać się (ujebię, ujebiesz) *kogoś* : 1. to get fucking tired 2. to get fucking dirty [*from:* jebać, 'to fuck']

82

upieprzyć (upieprzę, upieprzysz) *coś* = upierdolić

Upieprzyłem egzamin, 'I blew the exam'. *See:* pieprzyć

upieprzyć się (upieprzę, upieprzysz się) = upierdolić się : 1. to get damned tired 2. to get damned dirty; *See:* pieprzyć

upierdolić (upierdolę, upierdolisz) *imperf.* upierdalać *coś* : to ruin, to fail, to fuck up

Upierdoliłem egzamin. = I blew/failed the exam.

usiadka shitting, (act of) defecation
See: pierdolić

usrać się (usram, usrasz się) : to shit one's pants;
Usrała się bieda i płacze. = The poor fucker shit his pants and now he crys about it.

uszy : tits [*lit.* 'ears']

uszczać to piss (on) oneself (*usually said of child or drunkard*)

uwalić — uwalić kupę = to crap, defecate

wacek : prick, cock, penis

wahadło : prick, cock, penis [*lit.* 'pendulum']

walec : prick, cock, penis [*lit.* 'cylinder']

walić (walę, walisz) : 1. *kogoś* to lay *sb.* 2. in
expressions such as:
  walić konia *or* walić chabetę *or* walić dyndasa =
  to beat off, jack off

wał : cock, prick, rod [*lit.* 'shaft']
  Takiego wała! = Go fuck yourself! [*speaker holds
  up a flexed arm as he speaks these words*; *lit.* 'A
  shaft this big up yours!']

wałach : an impotent [*lit.* 'castrated horse']
  Ty wałachu! = You impotent!

warsztat : prostitute's cunt [*lit.* 'workshop']

wąchacz : prick, cock, penis

Wisi mi. : I couldn't care less. [*lit.* 'Mine is just
hanging' (an unexcited prick)]
  Wisi mu. = He doesn't give a fuck.
  Wisi jej. = She doesn't give a fuck.

Wisi mi kilem kitu na agrafce. = I couldn't care less. [*lit.* 'Mine is hanging like a kilo of cement on a safety pin']

Wisi mi to zwiędłym kalafiorem. = I couldn't care less. [*lit.* 'Mine is hanging like a withered cauliflower']

wisielec : cock [*lit.* 'a hanged man']
trzepać wisielca = to beat off [*lit.* 'to beat the hanged man']

wojak : prick, cock, penis [*lit.* 'soldier']

wpieprzyć (wpieprzę, wpieprzysz) *coś* = wpierdolić; *See:* pieprzyć

wpieprzyć się (wpieprzę, wpieprzysz się) *w coś, na coś* = wpierdolić się; *See:* pieprzyć

wpierdol : a beating, spanking, a wuppin'
Dostał wpierdol. = He got a wuppin'.

wpierdolić (wpierdolę, wpierdolisz) *imperf.* wpierdalać *coś* : to wolf down, to cram down [*from:* pierdolić, 'to fuck']

wpierdolić się (wpierdolę, wpierdolisz się), *imperf.* wpierdalać się *w coś, na coś* : 1. to butt in 2. to run *into, onto sth.* 3. to get mixed up *in sth.* [*from:* pierdolić, 'to fuck']

   Wpierdolił się w nasze sprawy. = He butted into our business.

   Wpierdolił się na drzewo. = He crashed into a tree.

wrazić : to penetrate (a woman)

wtryskarka : prick, cock, penis [*lit.* 'injection molding machine']

wybrandzlować się (wybrandzluję, wybrandzlujesz się), *imperf.* brandzlować się : to jack off, to masturbate [*males only*]

wychlać (wychlam, wychlasz [wychleję, wychlejesz]), *imperf.* chlać *coś* : to guzzle down, swill down

wycieruch : bitch

wyciruch = wycieruch, 'bitch'

wyciupciać (wyciupciam, wyciupciasz), *imperf.* ciupciać *kogoś* : to screw

wydra : nympho, vixen, loose woman [*lit.* 'otter']

wyjebać : (wyjebię, wyjebiesz) *kogoś, coś* 1. to fuck 2. to kick out, to throw away [*from:* jebać, 'to fuck']

wymiona (*gen. pl.* wymion) : tits, boobs [*lit.* 'udders']

wypieprzyć (wypieprzę, wypieprzysz) *kogoś, coś* = wypierdolić; *See:* pieprzyć

wypierdolić (wypierdolę, wypierdolisz), *imperf.* wypierdalać *kogoś, coś* : 1. to fuck 2. to kick out, throw away [*from:* pierdolić, 'to fuck']
  Wypierdalaj stąd! = Get the fuck out of here!

wypierdzieć (wypierdzę, wypierdzisz) : to fart *sth.* out
  Mądry, a kobyła mu zęby wypierdziała. = He's very bright, but the mare has farted out all his teeth.

wyrzygać (wyrzygam, wyrzygasz), *imperf.* rzygać : to puke, to barf

wysikać (wysikam, wysikasz) *imperf.* sikać : to take a leak, to piss

wysrać się (wysram, wysrasz się) : to take a shit, defecate
Diabeł się nie wysra na małą kupę. = The devil doesn't shit on a little knoll. [= Money goes to money.]

wyszczać się (wyszczam, wyszczasz się), *imperf.* szczać : to take a piss

wytoczyć (wytoczę, wytoczysz) : to fart, to let one
Kto poczuł, ten wytoczył. = A skunk smells his own stink first.

wywłoka : bitch

zadupie : out-of-the-way place, godforsaken hole, Podunk

zafajdać (zafajdam, zafajdasz) *coś* : 1. to shit all over *sth*. 2. to get *sth*. filthy, dirty, shitty
See: fajdać - to shit

zafajdany *adj.* : 1. messed up, crappy, crapped over 2. lousy, fucking

zaganiacz : cock, rod [*lit.* 'drover']

zajeb (*gen. sg.* -u) : hard work, hauling ass [*from:* zajebać się]

zajebać (zajebię, zajebiesz) *kogoś* : to beat to death or nearly to death, to beat the fuck out of sb. [*from:* jebać, 'to fuck']
  Zajebał go na śmierć. = He fuckin' beat him to death.

zajebać się (zajebię, zajebiesz się) : to fuck or work oneself to death or nearly to death [*from:* jebać, 'to fuck']
  Zajebał się na śmierć. = He nearly fucked himself to death.

zajebany *adj.* : fucked, fucked-up
  Kurwa twoja w dupę zajebana mać! = Your mother's an ass-fucked whore!

zajebisty *adj.* : fancy, fine [*from:* zajebać]
  zajebisty kolor = gaudy color

zajob : cuckoo, crazy [*from:* zajebać]
On ma zajoba. = He's crazy. He's fucked.

zalać się (zaleję, zalejesz się) : to get soused, pickled, smashed
Zalał się w trupa. = He got pickled as a corpse.
Zalał się w pestkę. = He got drunk as a fruit pit.
Zalał się w cztery dupy. = He got drunk on his ass. [*lit.* 'drunk as four asses']
Zalał się w cztery litery. = He got drunk as four letters.
Zalał się w sztok. = He got drunk as a log.

zalany *adj.* : soused, smashed, pickled
zalany w trupa, pestkę etc. = dead drunk
See: zalać się

zapakować *kogoś* **w sztolc** : to make *sb.* pregnant

zapawiować (zapawiuję, zapawiujesz) : to barf, puke, vomit [*lit.* 'to "peacock"']

zapieprzać (zapieprzam, zapieprzasz) = zapier dalać; *See:* pieprzyć

zapieprzyć (zapieprzę, zapieprzysz) *coś* = zapierdolić; *See:* pieprzyć

zapierdalać (zapierdalam, zapierdalasz) : 1. to
speed, haul ass 2. to bust one's butt, haul ass,
work hard [*from:* pierdolić, 'to fuck']

zapierdol (*gen. sg.* -u, -a) : hauling ass, busting
ass, hard work
 To był taki zapierdol! = That was fucking hard
  work!
 Ale zapierdol! = Now that's haulin' ass!

zapierdolić (zapierdolę, zapierdolisz) *coś* : to
steal, rip off [*from:* pierdolić, 'to fuck']

zasrać *perf.* (*imperf.* zasrywać) : to shit (all over
sth.)

zasraniec 1. shit 2. shitass

zasrany : 1. covered with shit, fouled 2. shitty,
fucked, damned

zasyfiony *adj.* bad, fucked [*from:* syf]

zatyczka : prick, cock, penis

zbój : prick, cock, penis [*lit.* 'bandit']

zbejać (*rustic*) to poop, crap, defecate

zbrandzlować się (zbrandzluję, zbrandzlujesz się) *na coś* : to jack off *onto sth.*; *See:* brandzlować się

zbuki (*gen. pl.* -ów) : balls [*lit.* 'rotten eggs']

zderzaki : tits, boobs [*lit.* 'bumpers, knockers']

zdzira : bitch

zebździć się (zebżdżę, zebździsz się), *imperf.* bździć : to fart
  Kto się zebździł? = Who cut the cheese?

zerżnąć się (zerżnę, zerżniesz się), *imperf.* zrzynać się : 1. to get soused, smashed 2. to take a shit

zesrać się (zesram, zesrasz [zesraję, zesrajesz się]) : to shit; to shit one's pants
  Ażebyś się w trumnie zesrał. = May you shit in your coffin!

— Co słychać — Zesraj się, poczujesz. = 'What's new?' 'Take a shit and you'll see.'

złamas : cock, pecker, rod

zołza : ugly woman, witch, sleazy old whore

zszamać (zszamię, zszamiesz), *imperf.* szamać *coś* : to wolf down, cram down, polish off, gobble down

zwalić się (zwalę, zwalisz się) : to take a shit, defecate

zwis : prick, cock, penis

Zwisa mi. : I couldn't care less. [*lit.* 'Mine is just hanging' (an unexcited prick).]

żenidło : prick, cock, penis

żabka (*dim.* żabcia) : chick, girl [*lit.* 'frog']

żonkiś : prick, cock, penis

żyleta : a good lay [*lit.* 'a razor blade']

żyletka (*dim. of* żyleta) : a good lay [*lit.* 'razor blade']